JE COMMENCE À LIRE EN MATERNELLE

LAROUSSE

Direction de la publication : Carine Girac-Marinier
Direction éditoriale : Audrey Gérard et Emma Pardigon
Édition : Marie Trémoureux
Relecture-correction : Elisabeth Le Saux
Responsable artistique : Sophie Rivoire
Mise en page : Sophie Rivoire, Frédéric Manlay, Mathilde Dufau et Mathilde Battini
Fabrication : Carole Rousseau

Illustrations :
Virginie Chiodo (pages de coloriages magiques)
Vayounette (pages de « cherche et trouve »)
Éléments graphiques : © Shutterstock.

Textes :
Aurore Meyer (rédaction des activités de coloriages magiques)
Delphine Urvoy, professeure des écoles (rédaction des activités de bilan et de discrimination visuelle)

21, rue du Montparnasse
75283 Paris Cedex 06

ISBN 978-2-03-607522-1

Loi n°49-956 du 16 juillet 1949 sur les publications destinées à la jeunesse, modifiée par la loi n°2011-525 du 17 mai 2011.

PAPIER CERTIFIÉ

LAROUSSE s'engage pour l'environnement en réduisant l'empreinte carbone de ses livres. Celle de cet exemplaire est de :
1,5 kg éq. CO_2
Rendez-vous sur www.larousse-durable.fr

Achevé d'imprimer en Espagne par Estella Graficas
Dépôt légal : février 2025 – 338025/01
N° de projet : 11057000 – janvier 2025

Avant-propos

Grâce à ce cahier, dont les **activités très progressives** ont été spécialement conçues pour les **3 à 6 ans**, votre enfant va pouvoir apprendre à **reconnaître les lettres** de l'alphabet **et le son qu'elles produisent**.

Les lettres ne sont pas présentées dans l'ordre alphabétique, car nous avons souhaité commencer par les **voyelles**, puis poursuivre avec les **consonnes les plus simples**, comme L et R. Les lettres aux sons plus rares ou complexes sont traitées en fin de cahier, comme le Z.

Afin de fluidifier l'apprentissage chez les plus jeunes, pour certaines lettres qui peuvent se prononcer de plusieurs façons, nous proposons de n'étudier que le son le plus simple. Ainsi, pour ce qui est du G, nous avons privilégié le son GUE et, pour le C, le son K ; les sons GI ou CE ne seront donc pas vus dans ce cahier.

À la fin du cahier, des pages permettent aux enfants de se familiariser avec les digrammes ou les graphèmes plus complexes, comme **OU**, **OI**, **ON**, **EN/AN**, **IN**, **CH** et **AI**.

> **Petit conseil aux parents** : Nous vous rappelons que, pour bien prononcer le son des consonnes, dans une optique d'apprentissage de la lecture, il ne faut pas énoncer le nom des lettres mais prononcer le son qu'elles produisent : ainsi, L produit le son « LE », M le son « ME »...

Pour faciliter l'entrée dans la lecture chez les plus jeunes, nous avons fait le choix d'**écrire tous les mots en lettres majuscules**. Ainsi, même des enfants de 3 ou 4 ans peuvent repérer les voyelles qu'ils ont commencé à voir en Petite Section et Moyenne Section de maternelle.

Pour chaque lettre-son, vous retrouverez dans ce cahier 3 activités récurrentes :

- Une première double page de **familiarisation avec la lettre et le son qu'elle produit** : la lettre écrite en grand peut être décorée par l'enfant, qui est aussi invité à suivre avec son doigt le tracé de cette lettre grâce à des flèches. Chaque lettre est accompagnée d'un grand dessin évoquant un animal ou un objet dont le nom commence par le son produit par la lettre. L'enfant est invité à colorier les dessins qui commencent eux aussi par le même son.
- Une deuxième double page de travail de **discrimination auditive** (en page de gauche) où l'enfant doit montrer ou entourer les éléments dont le nom commence par le son produit par la lettre étudiée et, en page de droite, une activité de **discrimination visuelle**, où l'enfant est invité à entourer la lettre étudiée s'il la voit dans un mot ou à reconnaître un mot contenant la lettre.
- Une troisième double page avec un grand « **cherche et trouve** » pour repérer les mots qui commencent par le son étudié ou qui le contiennent.

Tout au long du cahier, des pages « **bilan** » permettent aux enfants de s'exercer à reconnaître les lettres et les sons qu'ils viennent de voir.

Avec ce cahier, aussi ludique que progressif, démarrer l'apprentissage de la lecture va s'apparenter à un véritable jeu d'enfant !

Sommaire

Comment utiliser ce cahier ?

- Ce cahier va permettre à votre enfant d'apprendre à **reconnaître les lettres de l'alphabet et surtout le son qu'elles produisent**.
- Retrouvez **3 activités récurrentes** pour chaque lettre.

L'enfant peut suivre avec son doigt le tracé de la lettre.

L'enfant va pouvoir reconnaître la lettre étudiée.

L'enfant va repérer le son au début des mots grâce à des activités de **discrimination auditive**.

L'enfant devra reconnaître la lettre étudiée, via des exercices de **discrimination visuelle**.

Des activités de « cherche et trouve » aideront votre enfant à repérer tous les mots qui commencent par le son étudié ou qui le contiennent.

- Des pages « **bilan** » permettront de s'exercer pour consolider la reconnaissance des sons.

- À la fin, l'enfant sera invité à reconnaître certains digrammes et graphèmes courants, comme **OU**, **OI**, **EN/AN**, **ON**, **IN**, **CH**, **AI**.

Décore la lettre A.

Repasse sur le A avec ton doigt en suivant les flèches.

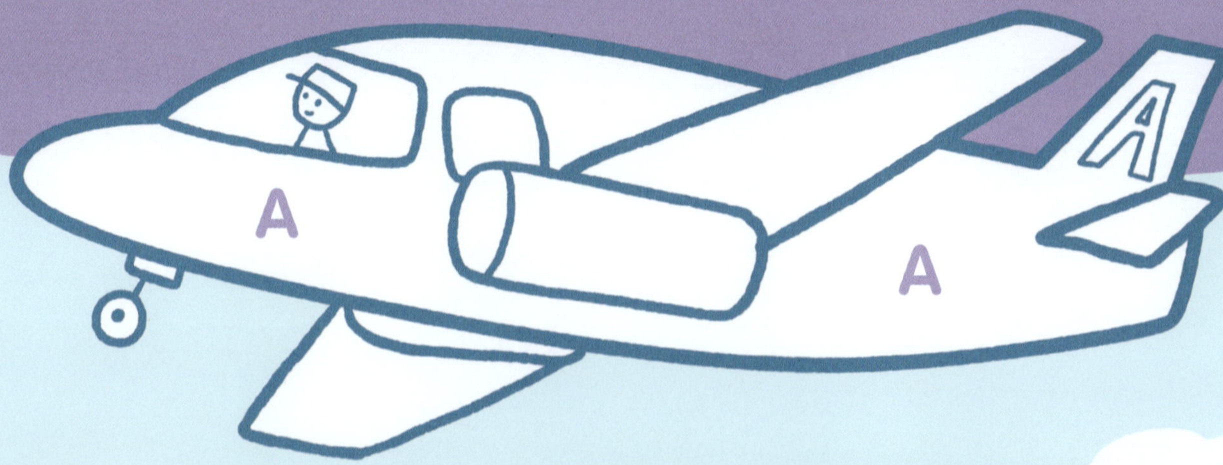

A comme AVION !

Colorie les dessins si tu vois un A dessus !

La lettre et le son A

● **Nomme chaque image. Entends-tu bien le son A au début de chacun de ces mots ?**

A comme AVION

- Aide l'ABEILLE à rejoindre la ruche en traçant le chemin des A. Suis l'exemple en pointillés.

A	O	E	D
W	A	A	O
V	C	A	A

- La première lettre du mot ARROSOIR a disparu. Sers-toi de tes autocollants pour compléter le mot.

RROSOIR

Cherche et trouve les mots qui commencent par le son A.

As-tu trouvé ? ABRICOT ANANAS ARROSOIR ARAIGNÉE

Il y a d'autres mots dans lesquels on peut entendre le son **A**. Cherche-les.

CASQUETTE RADIO
COQUILLAGE CRABE
PARASOL TUBA

Décore
la lettre É.
Repasse sur le É
avec ton doigt en
suivant les flèches.

É comme ÉCUREUIL !

Colorie le dessin si tu vois un **É** dessus !

* La lettre et le son É

- **Nomme chaque image. Entends-tu bien le son É au début de chacun de ces mots ?**

É comme ÉCUREUIL

- Entoure le É si tu le vois dans ces mots.

ÉCLAIR

ÉCHARPE

ÉTOILE

- Trouve l'intrus : l'un de ces noms d'animaux ne contient pas le son É. Barre-le ou montre-le.

Cherche et trouve les mots qui commencent par le son É.

Il y a d'autres mots dans lesquels on peut entendre le son **É**. Cherche-les.

RHINOCÉROS
LÉOPARD

As-tu trouvé ? ÉLÉPHANT ÉPONGE ÉPÉE ÉCHARPE

Décore
la lettre I.

Repasse sur le I
avec ton doigt
en suivant
la flèche.

I comme IGLOO !

Colorie les dessins si tu vois un I dessus !

La lettre et le son I

Nomme chaque image. Entends-tu bien le son I au début de chacun de ces mots ?

I comme IGLOO

- Entoure les lettres I.

I T L
A V A
N I W
U A I

- Des lettres ont disparu dans les mots IMAGE et IBIS. Sers-toi de tes autocollants pour compléter les mots.

MAGE BIS

Cherche et trouve les mots qui commencent par le son l.

As-tu trouvé ? ÎLE IGLOO INUIT

Il y a d'autres mots dans lesquels on peut entendre le son I. Cherche-les.

BANQUISE SCIE

Repasse sur le O avec ton doigt en suivant la flèche.

Décore la lettre O.

Colorie
les dessins
si tu vois un O
dessus !

O comme OGRE !

Nomme les dessins
si tu vois un O.

* La lettre et le son O

Nomme chaque image. Entends-tu bien le son O au début de chacun de ces mots ?

O comme OGRE

- Entoure les lettres O dans les mots suivants.

CROTTIN

GALOP

PONEY

SABOT

TROTTER

- Colorie la lettre O dans le mot OREILLE.

OREILLE

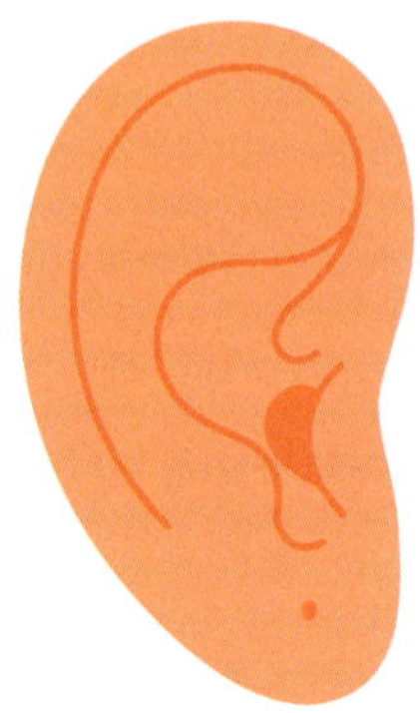

Cherche et trouve les mots qui commencent par le son O.

As-tu trouvé ?

OS
ORANGE
OBSTACLE
OREILLER

Il y a d'autres mots dans lesquels on peut entendre le son **O**. Cherche-les.

CAROTTE
PLOT
BROSSE
PONEY
COQ
BOTTE

Repasse sur le U avec
ton doigt en suivant les flèches.

Décore
la lettre U.

Colorie les dessins si tu vois un U dessus !

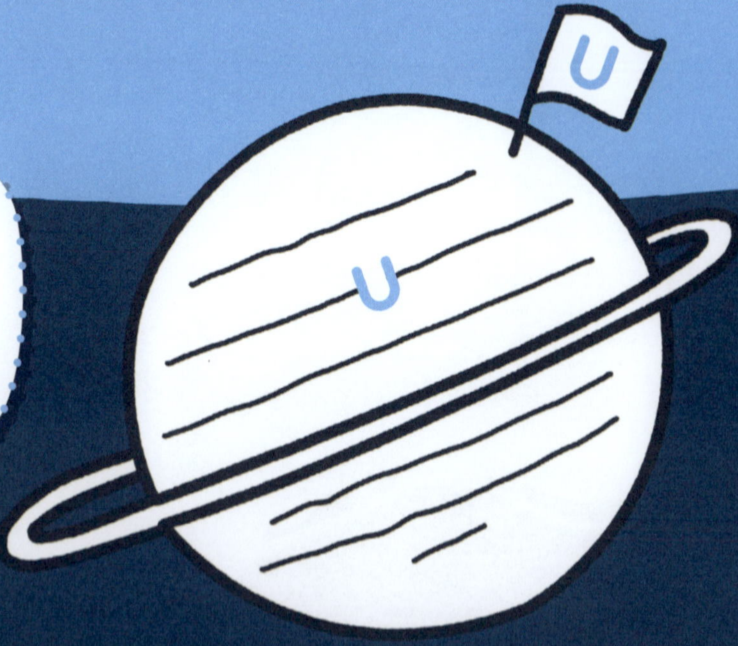

U comme UNIVERS !

La lettre et le son U

Nomme chaque image. Entends-tu bien le son **U** dans chacun de ces mots ?

As-tu bien entendu le son **U** dans le mot **TUTU** ou dans **LUGE** ?

U comme UNIVERS

- La **FUSÉE** doit rejoindre la **LUNE**. Montre-lui le chemin en ne passant que par les lettres **U**.

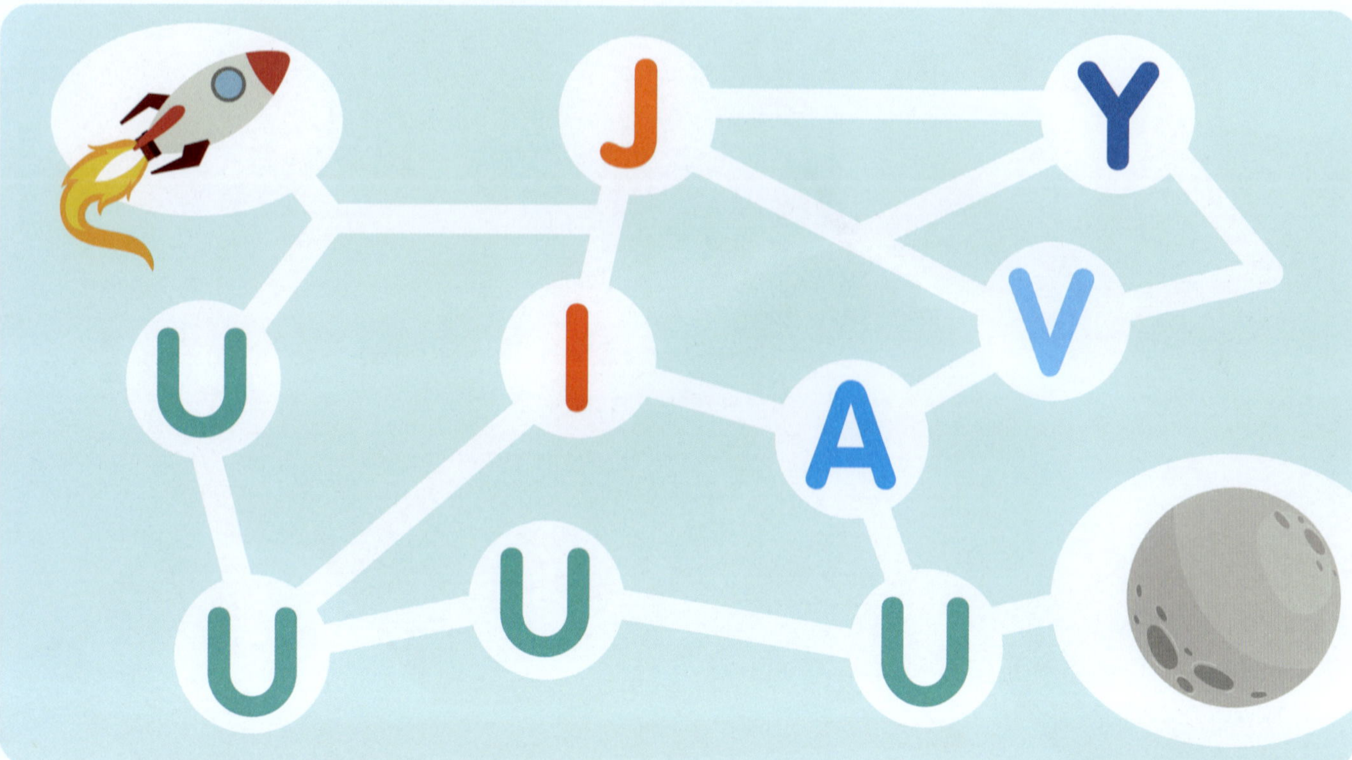

- Une lettre a disparu dans le mot **URANUS**. Sers-toi de tes autocollants pour le compléter.

[ ] RANUS

Cherche et trouve les mots qui commencent par le son U.

As-tu trouvé ? **UNIVERS** **UNIFORME** **URANUS**

Il y a d'autres mots dans lesquels on peut entendre le son **U**. Cherche-les.

HUBLOT **FUSÉE**
FUMÉE **TORTUE**

Quel son entends-tu au début de chaque mot ?

A É I O U

Nomme chaque image puis relie-la au son que tu entends en début de mot.

É •
• 

U •
• 

A •
• 

I •
• 

O •
• 

Je reconnais les voyelles. Bilan

Nomme chaque image puis colorie le son que tu entends en début de mot.

A	O	U

I	O	É

É	A	I

U	I	A

U	O	A

U	O	I

A É I O U

Nomme chaque image puis colle l'autocollant du son que tu entends en début de mot.

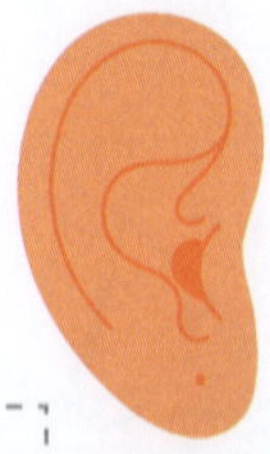

REILLE

BEILLE

GLOO

NAU

SINE

PONGE

Décore la lettre L.

L comme LIVRE !

Repasse sur le L avec ton doigt en suivant les flèches.

Colorie les dessins
si tu vois un **L** dessus !

* La lettre et le son L

Nomme chaque image. Entends-tu bien le son L au début de chacun de ces mots ?

L comme LIVRE

● Colorie en **bleu** les bulles où apparaît la lettre **L**.

L T I L

E L F T

L I L

● Nomme l'image puis entoure son nom. Repère la lettre et le son que tu entends au début de ce mot.

ÉLÈVE

LIVRE

AVION

Cherche et trouve les mots qui commencent par le son L.

As-tu trouvé ? LUNETTES LIVRE LION
LOUPE LAPIN LAMPE

Il y a d'autres mots dans lesquels on peut entendre le son L. Cherche-les.

CALCULATRICE STYLO
PANTALON

Décore la lettre R.

Repasse sur le R avec ton doigt en suivant les flèches.

Colorie les dessins si tu vois un **R** dessus !

R comme RENARD !

* La lettre et le son R

Nomme chaque image. Entends-tu bien le son R au début de chacun de ces mots ?

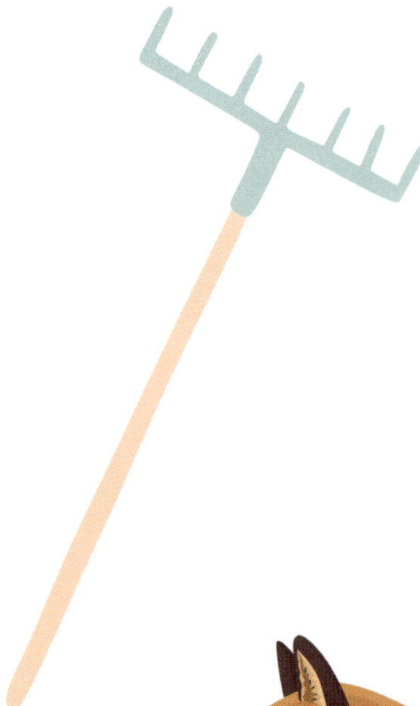

R comme RENARD

Quel animal arrivera jusqu'au R ?

Cherche et trouve les mots qui commencent par le son R.

As-tu trouvé ? **RUCHE** **RÂTEAU** **RENARD**

Il y a d'autres mots dans lesquels on peut entendre le son **R**. Cherche-les.

ÉCUREUIL **SOURIS**
FLEUR **ARBRE**

Repasse sur le S avec ton doigt en suivant les flèches.

Décore la lettre S.

Colorie les dessins si tu vois un **S** dessus !

S comme SKI !

✱ La lettre et le son S

● **Nomme chaque image. Entends-tu bien le son S au début de chacun de ces mots ?**

S comme SKI

● Colorie en jaune les cases contenant la lettre S, puis colorie les cases restantes en vert.

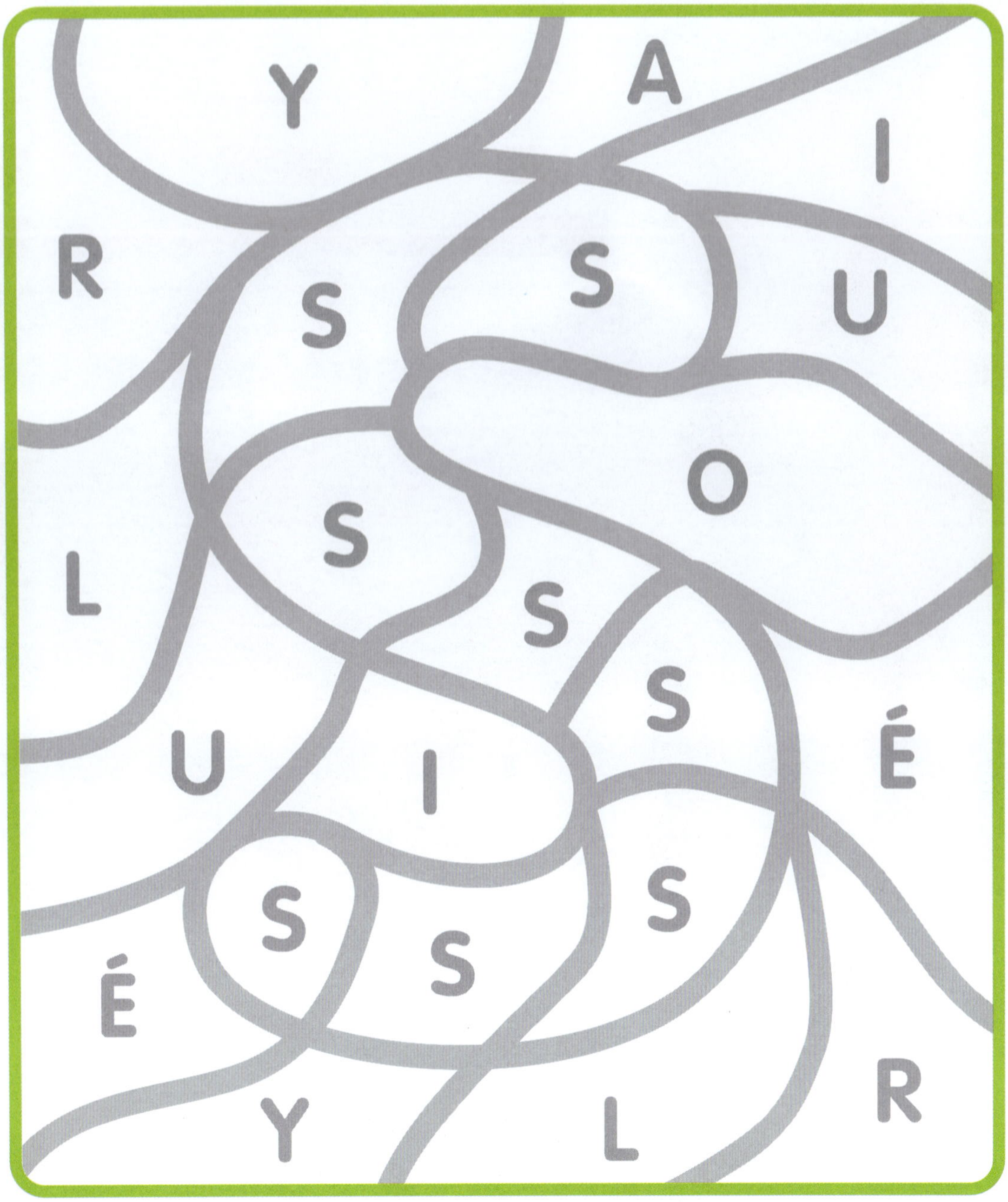

Cherche et trouve les mots qui commencent par le son S.

As-tu trouvé ? SAC SINGE SEAU SKI SOURIS SANDWICH SALADE

Décore la lettre **M.**

M comme

MAISON !

Colorie les dessins si tu vois un **M** dessus !

Repasse sur le **M** avec ton doigt en suivant les flèches.

La lettre et le son M

- Nomme chaque image. Entends-tu bien le son **M** au début de chacun de ces mots ?

M comme MAISON

● Entoure la lettre **M** si tu la vois dans les mots sous le dessin.

AMI

MER

MOUETTE

MAGAZINE

● Nomme l'image puis entoure son nom. Regarde le modèle.

MAMIE

MAMIE

MOULIN

Cherche et trouve les mots qui commencent par le son M.

As-tu trouvé ? **MAILLOT DE BAIN** **MAMAN** **MOUETTE** **MAMIE** **MAGAZINE**

Je reconnais les voyelles et les consonnes L, R, S, M.

Bilan

Nomme l'image puis colle l'autocollant du son entendu en début de mot.

Relie avec le doigt ou au crayon chaque image au son que tu entends au début de son nom.

M

L

S

R

Je sais lire des syllabes. Bilan

Associe les sons et prononce les syllabes suivantes.

L + A = LA COMME LAPIN

L + I = LI COMME LIMACE

L + U = LU COMME LUNE

R + É = RÉ COMME RÉVEIL

R + O = RO COMME ROBE

N'oubliez pas que :
le son L se dit « LE »,
le son R se dit « RE »,
le son S se dit « SE »,
le son M se dit « ME ».

S + A = SA COMME SALADE

S + O = SO COMME SOLEIL

S + I = SI COMME SIFFLET

M + É = MÉ COMME MÉDAILLE

M + U = MU COMME MUSIQUE

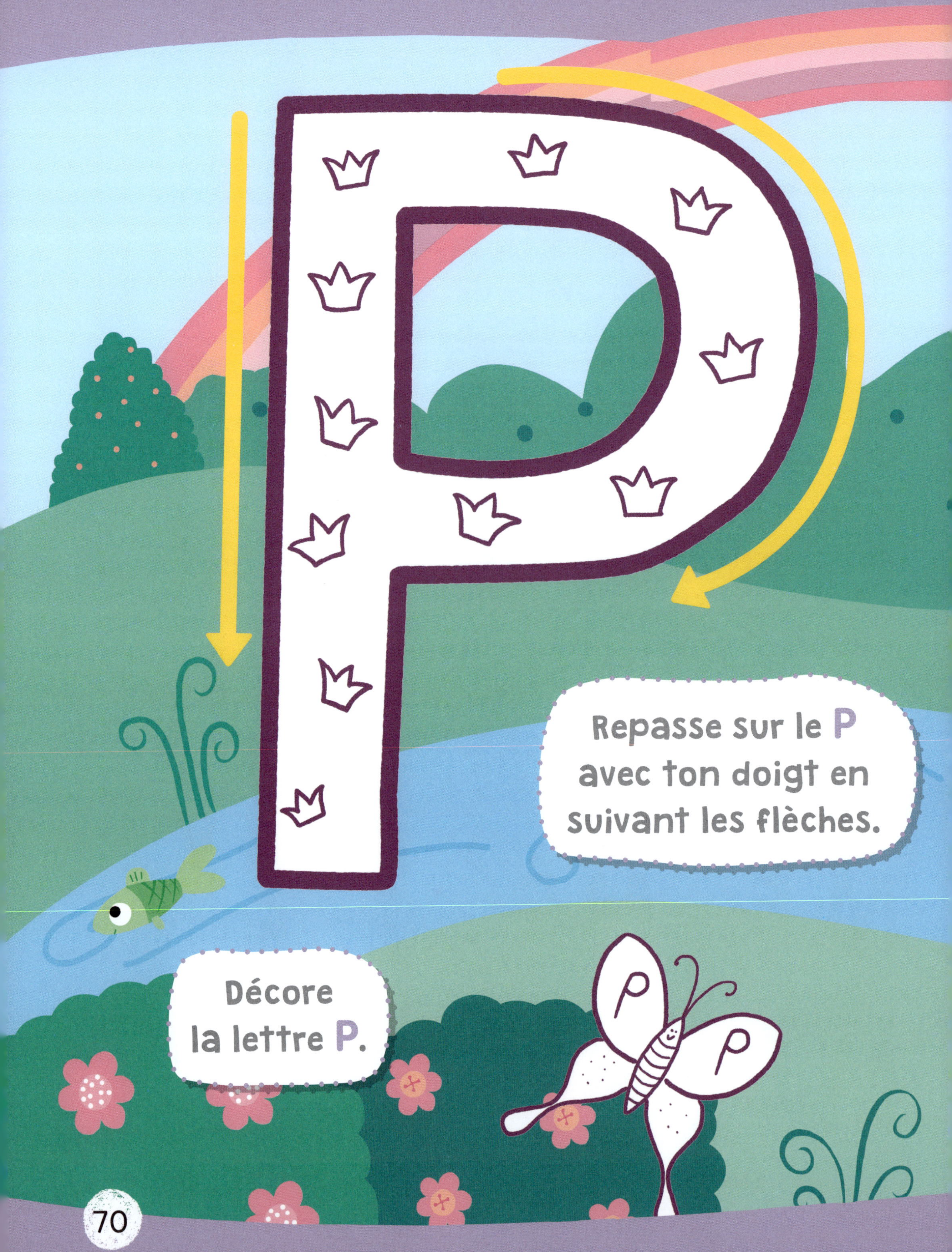

Repasse sur le P avec ton doigt en suivant les flèches.

Décore la lettre P.

Colorie les dessins si tu vois un P dessus !

P comme PRINCESSE !

* La lettre et le son P

● Nomme chaque image. Entends-tu bien le son P au début de chacun de ces mots ?

P comme PRINCESSE

Sur la planche d'autocollants, retrouve les pommes où tu vois la lettre P et colle-les dans le pommier. Colle les autres au pied de l'arbre.

Cherche et trouve les mots qui commencent par le son P.

As-tu trouvé ? PAPILLON POUCE POUBELLE PANNEAU PAPI

Repasse sur le N avec ton doigt en suivant les flèches.

Décore la lettre N.

N comme NEIGE !

Colorie les dessins si tu vois un N dessus !

Nomme les dessins si tu vois un N dessus !

* La lettre et le son N

Nomme chaque image. Entends-tu bien le son N au début de chacun de ces mots ?

N comme NEIGE

Entoure les lettres N puis barre les lettres restantes.

M V N
N R
N A V
W N
N N N
A V

Nomme l'image puis relie-la au mot correspondant. Regarde le modèle.

NAPPE

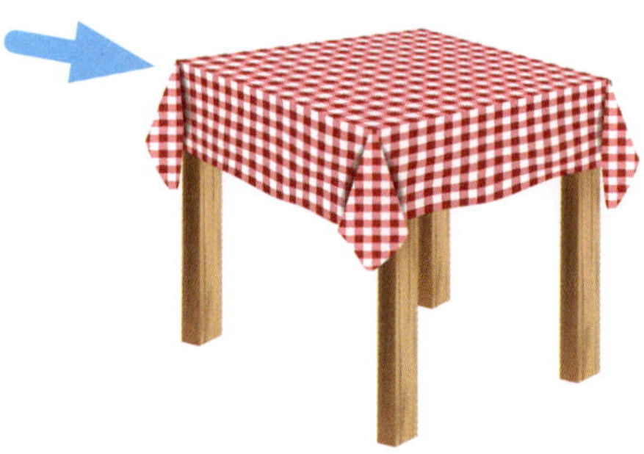

- NINJA
- NAPPE

Cherche et trouve les mots qui commencent par le son N.

As-tu trouvé ? NAIN NATTE NID
NINJA NŒUD

Décore la lettre T.

T comme TOBOGGAN !

Repasse sur le T avec ton doigt en suivant les flèches.

Colorie les dessins si tu vois un T dessus !

La lettre et le son T

Nomme chaque image. Entends-tu bien le son T au début de chacun de ces mots ?

T comme TOBOGGAN

- **Aide les astronautes à rejoindre la Lune en suivant le chemin de la lettre T.**

→	T	T	I	L	E
	I	T	T	T	L
	E	J	E	T	J
	L	E	J	T	L
	L	J	I	T	T →

- **Nomme l'image puis entoure son nom. Regarde le modèle.**

TERRE

LUNE

TERRE

Cherche et trouve les mots qui commencent par le son T.

As-tu trouvé ? TOMATE TÉLÉPHONE TÉLÉVISION TAMBOUR TÉTINE TÉLÉCOMMANDE

Il y a aussi d'autres mots dans lesquels on entend le son T. Cherche-les.

CAROTTE FOURCHETTE ÉTOILE SATELLITE

Décore la lettre F.

Repasse sur le F avec ton doigt en suivant les flèches.

F comme FOURMI !

Colorie les dessins si tu vois un **F** dessus !

* La lettre et le son F

Nomme chaque image. Entends-tu bien le son F au début de chacun de ces mots ?

F comme FOURMI

- Colorie la lettre F quand tu la vois.

E L F

T F

L E F

- La première lettre du mot FUSÉE s'est envolée. Sers-toi de tes autocollants pour le compléter.

☐ USÉE

Cherche et trouve les mots qui commencent par le son F.

As-tu trouvé ? FANTÔME FLEUR FOURCHE

Décore la lettre **B**.

B comme BATEAU !

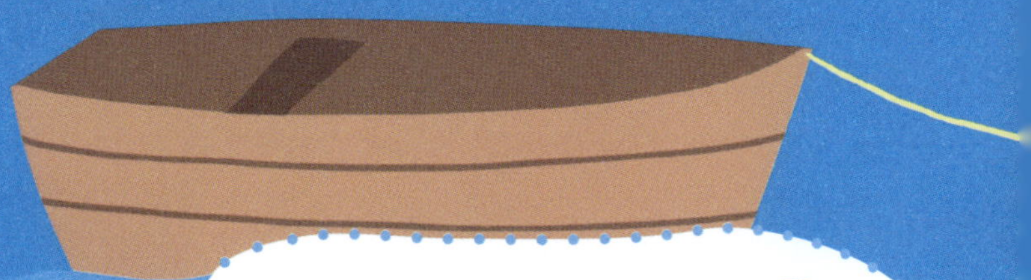

Repasse sur le **B** avec ton doigt en suivant les flèches.

Colorie les dessins si tu vois un **B** dessus !

Nomme les mots si tu vois un **B**.

La lettre et le son B

Nomme chaque image. Entends-tu bien le son **B** au début de chacun de ces mots ?

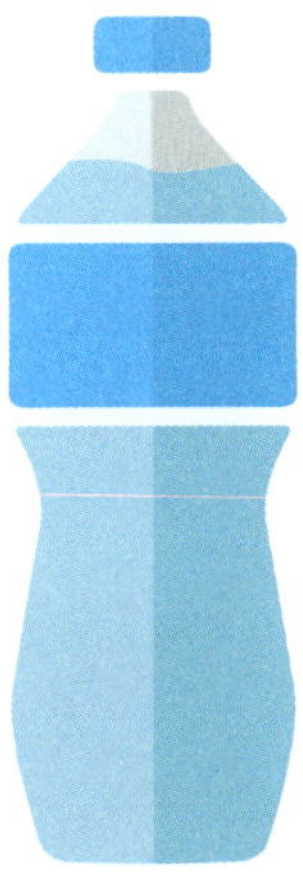

B comme BATEAU

Trace le chemin du ballon en suivant la lettre **B** pour marquer un but.

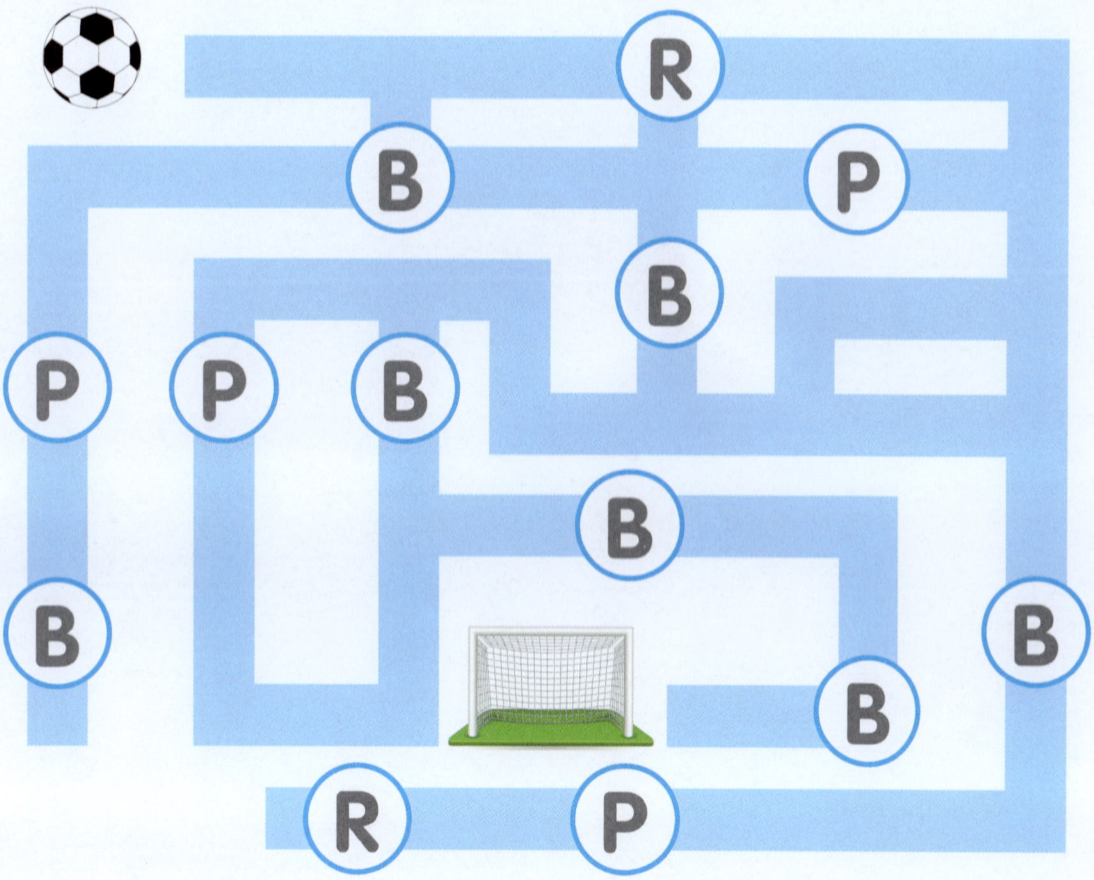

La première lettre du mot **BALLON** a disparu ! Sers-toi de tes autocollants pour le compléter.

☐ ALLON

Cherche et trouve les mots qui commencent par le son B.

As-tu trouvé ? BUS BANC BOTTE BALLE
BUT BONNET BÉBÉ BIBERON

Il y a aussi d'autres mots dans lesquels on entend le son B. Cherche-les.

BARRIÈRE CUBE

Je reconnais les consonnes P, N, T, F, B.

Bilan

Relie chaque image au son que tu entends au début de son nom.

F

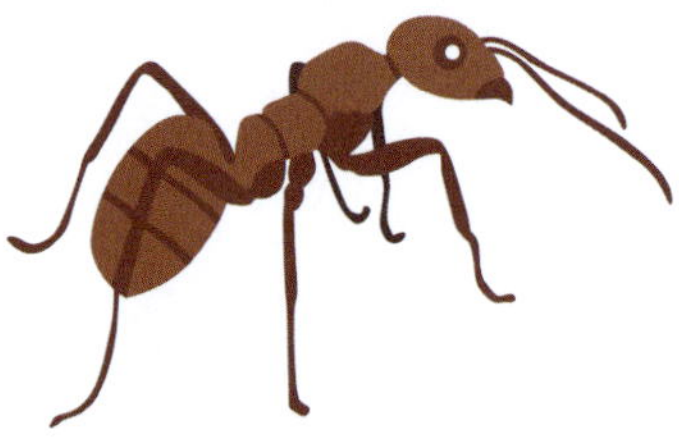

P

T

B

N

Colorie les images selon le code couleur ci-dessous.

P N T F B

Je sais lire des syllabes. Bilan

Nomme chaque image puis colle l'autocollant qui correspond en début de mot.

OISETTE

OUSSIN

OTTES

ENÊTRE

OUPIE

N'oubliez pas que le son N se dit « NE ».

Associe les sons et prononce les syllabes suivantes.

N + A = NA COMME NATTE

N + É = NÉ COMME NÉNUPHAR

N + U = NU COMME NUAGE

F + I = FI COMME FIGUE

F + A = FA COMME FARINE

F + U = FU COMME FUSÉE

Décore la lettre V.

Repasse sur le V avec ton doigt en suivant les flèches.

Colorie les dessins si tu vois un **V** dessus !

V comme VÉLO !

* La lettre et le son V

- Nomme chaque image. Entends-tu bien le son **V** au début de chacun de ces mots ?

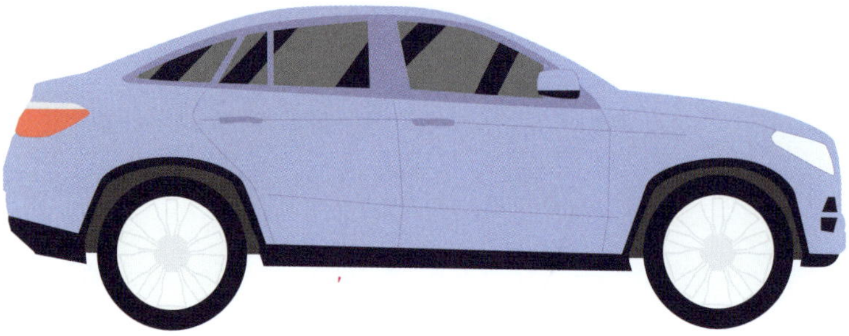

V comme VÉLO

- Colorie la lettre V quand tu la vois.

V L I V

Z U V U

V A V

- Nomme l'image puis entoure son nom.

Regarde le modèle.

VOILIER

VOILIER

VALISE

Cherche et trouve les mots qui commencent par le son V.

Il y a aussi d'autres mots dans lesquels on entend le son **V**. Cherche-les.

LIVRE **AVION**

As-tu trouvé ? VACHE VALISE
VÉLO VOYAGEUR

Décore
la lettre **D.**

Repasse sur le **D**
avec ton doigt en
suivant les flèches.

Colorie les dessins si tu vois un D dessus !

D comme DINOSAURE !

La lettre et le son D

Nomme chaque image. Entends-tu bien le son D au début de chacun de ces mots ?

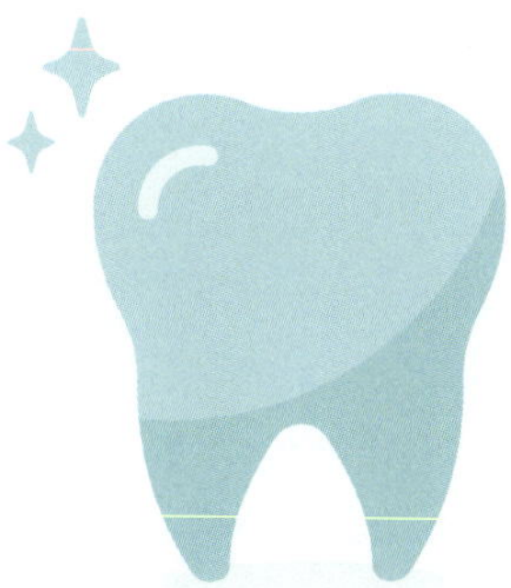

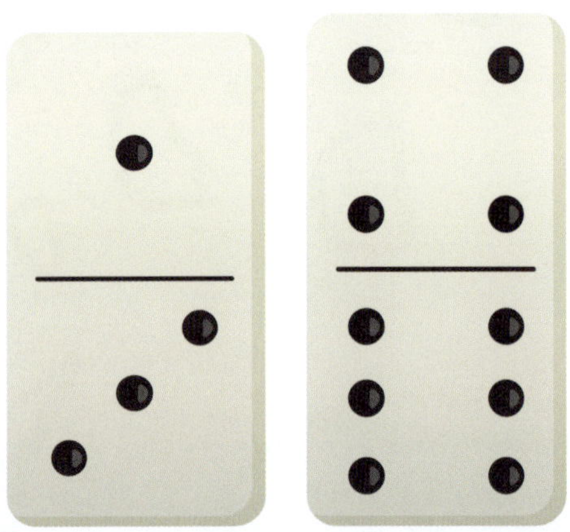

- Colorie en bleu les cases contenant la lettre D.

Que vois-tu ?

Cherche et trouve les mots qui commencent par le son D.

As-tu trouvé ? DINOSAURE DINETTE DÉ DROMADAIRE DRAPEAU DEUX

Décore la lettre J.

Repasse sur le J avec ton doigt en suivant la flèche.

J comme JOUET !

Colorie les dessins si tu vois un J dessus !

Nomme les objets si tu vois un J.

La lettre et le son J

Nomme chaque image. Entends-tu bien le son J au début de chacun de ces mots ?

J comme JOUET

● Entoure le J si tu le vois dans ces mots.

JONQUILLE

JUMELLES

PYJAMA

BIJOU

JUPE

● Nomme l'image puis entoure son nom.
Regarde le modèle.

JARDIN

JOUET

JARDIN

Cherche et trouve les mots qui commencent par le son J.

As-tu trouvé ? JUMELLES JAUNE
JONQUILLE JEU

Je reconnais les consonnes V, D, J.

Bilan

Dans chaque ligne, nomme chaque image puis barre l'intrus qui ne commence pas par le même son.

V D J

Nomme chaque image puis colorie le son entendu en début de mot.

D T V

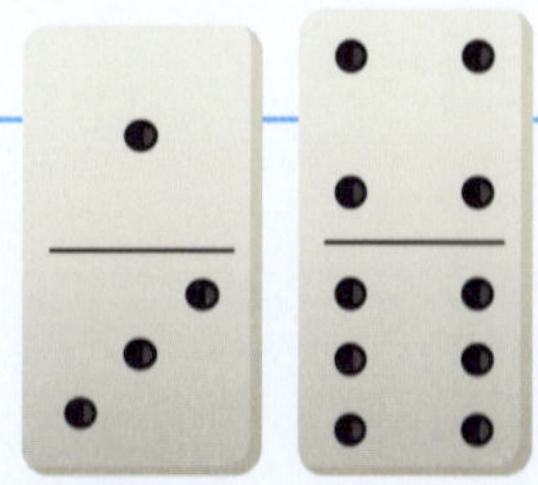

M F D

P V T

R T V

F T D

J T V

Je sais lire des syllabes.

Bilan

Relie chaque image au mot qui lui correspond en t'aidant du son que tu entends au début du mot.

VALISE

JUPE

JAGUAR

VOLANT

VÉLO

VA-VÉ-VO-VI-JA-JE-JU

Associe ces sons et prononce ces syllabes.

V + A = VA COMME VASE

V + É = VÉ COMME VÉLO

V + O = VO COMME VOLANT

V + I = VI COMME VIOLON

J + A = JA COMME JARDIN

J + E = JE COMME JEU

J + U = JU COMME JUPE

Décore la lettre C.

Repasse sur le C avec ton doigt en suivant la flèche.

C comme CROCODILE !

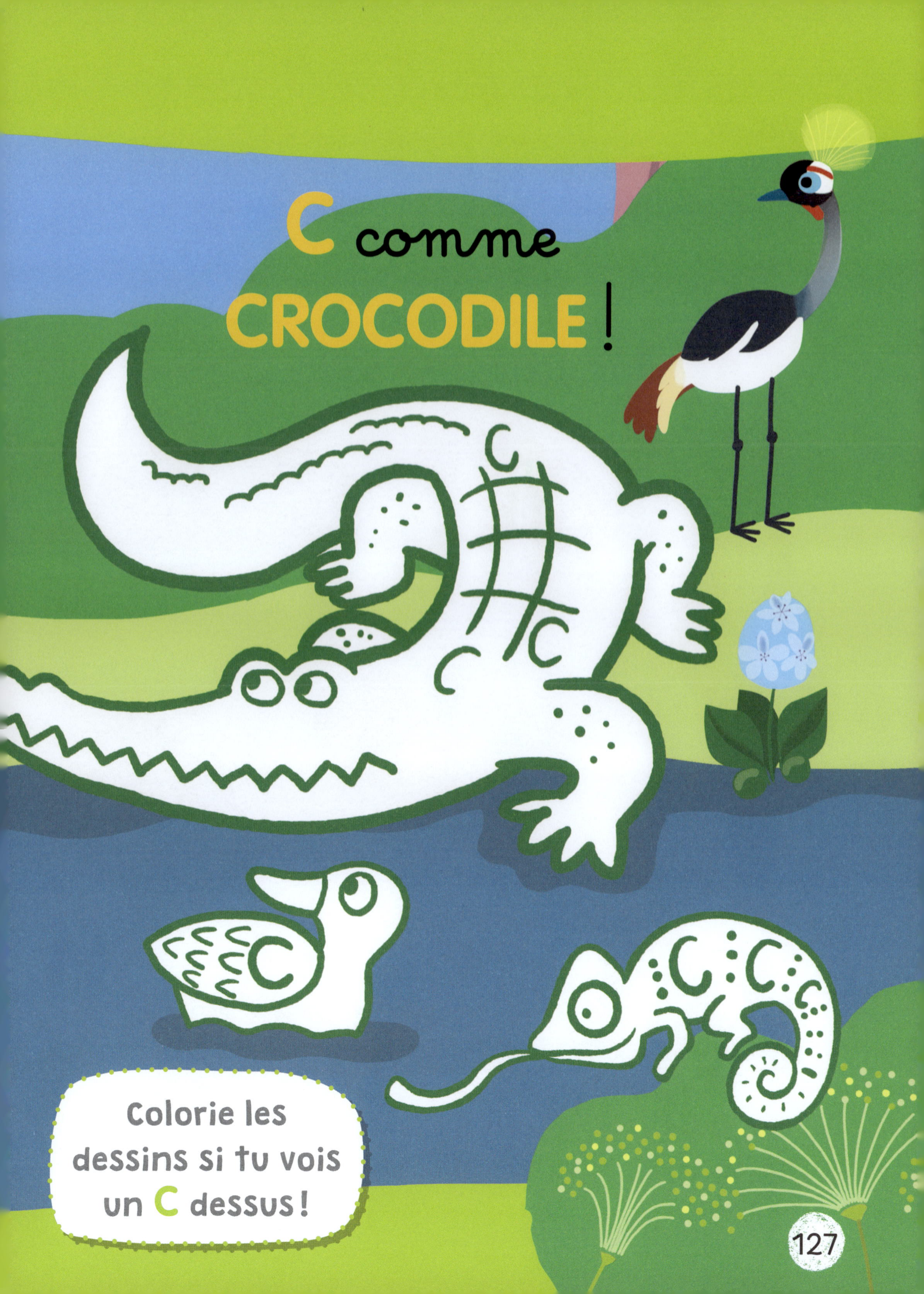

Colorie les dessins si tu vois un C dessus !

* La lettre et le son C

Nomme chaque image. Entends-tu bien le son C au début de chacun de ces mots ?

C comme CROCODILE

Aide le caneton à rejoindre son papa en ne passant que sur les lettres C.

C	T	V	M	P
C	N	M	J	F
C	C	C	F	T
V	T	C	C	C
V	F	M	M	C

Nomme l'image puis relie-la à son nom. Regarde le modèle.

COCCINELLE

- COCCINELLE
- CASQUE

Cherche et trouve les mots qui commencent par le son C (=K).

Il y a aussi d'autres mots dans lesquels on entend le son C. Cherche-les.

CLOWN CRÊPES

As-tu trouvé ? CANNE À PÊCHE CORDE À SAUTER CANARD CADEAUX CASQUETTE

Décore
la lettre G.

Repasse sur le G avec ton doigt en suivant les flèches.

G comme GLACE !

Colorie les dessins si tu vois un G dessus !

* La lettre et le son G

Nomme chaque image. Entends-tu bien le son G (=GUE) au début de chacun de ces mots ?

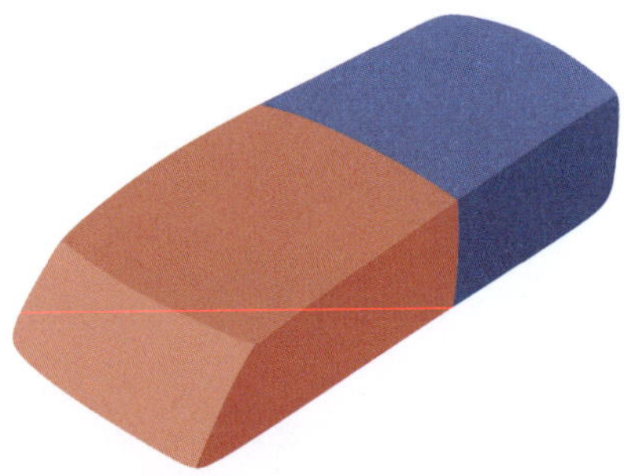

G comme GLACE

À l'aide de tes autocollants, colle un gland dès que tu vois la lettre G.

G D C

G

D D G

O

G O

Nomme l'image puis entoure son nom. Regarde le modèle.

GORILLE

TOMATE

GORILLE

Cherche et trouve les mots qui commencent par le son G (=GUE).

As-tu trouvé ? GORILLE GUÉPARD GANTS GUITARE

Repasse sur le Z avec ton doigt en suivant les flèches.

Décore la lettre Z.

Z comme ZOO !

Colorie les dessins si tu vois un **Z** dessus !

* La lettre et le son Z

Nomme chaque image. Entends-tu bien le son **Z** au début de chacun de ces mots ?

Z comme ZOO

- Entoure le lettre Z dès que tu la vois.

7 S Z Y V
V Z W S Z
Z A K Z 7
S Y Z V A

- Nomme l'image puis relie-la à son nom.

Regarde le modèle.

ZÉBU

- ZOO
- ZÉBU

Cherche et trouve les mots qui commencent par le son Z.

As-tu trouvé ? **ZÉBU** **ZIG ZAG** **ZÉRO** **ZÈBRE**

Je reconnais les consonnes C, G, Z.

Bilan

Nommme chaque image puis entoure le son que tu entends au début du mot.

C
O
G
D

G
D
C
O

S
Z
F
T

D
C
I
G

E
G
Z
S

C G Z

Colorie les images en suivant le code couleur ci-dessous. Repère bien le son d'attaque de chaque mot.

V C D G Z

Je reconnais mes premiers mots.

Bilan

Nomme chaque image puis complète les mots avec tes autocollants en regardant bien les modèles.

DOMINO

CABANE

Les lettres de ces mots ont été mélangées.
Colle les autocollants correspondants.
Regarde bien les modèles en bas de page.

BCREA

INJDRA

CRABE

JARDIN

OU

COMME

OURS

OU comme OURS

Nomme chaque image, entoure-la ou montre-la avec ton doigt si tu entends le son OU. Il y a deux intrus.

Le son OI

OI

COMME

OIE

OI comme OIE

Nomme chaque image, entoure-la ou montre-la avec ton doigt si tu entends le son OI. Il y a deux intrus.

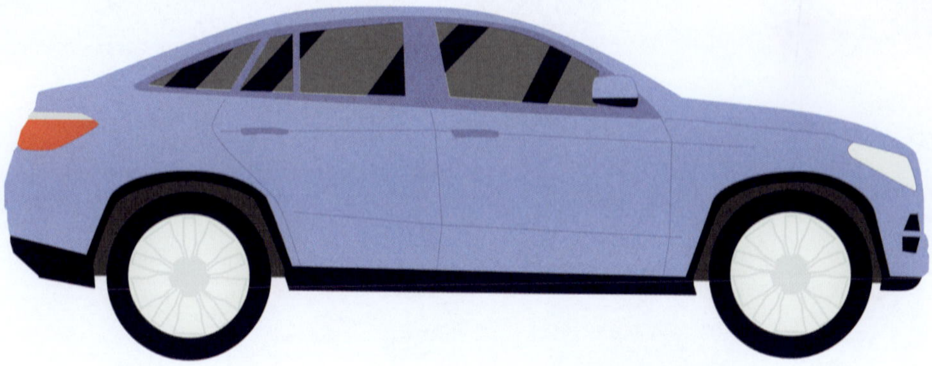

ON

COMME

ONGLES

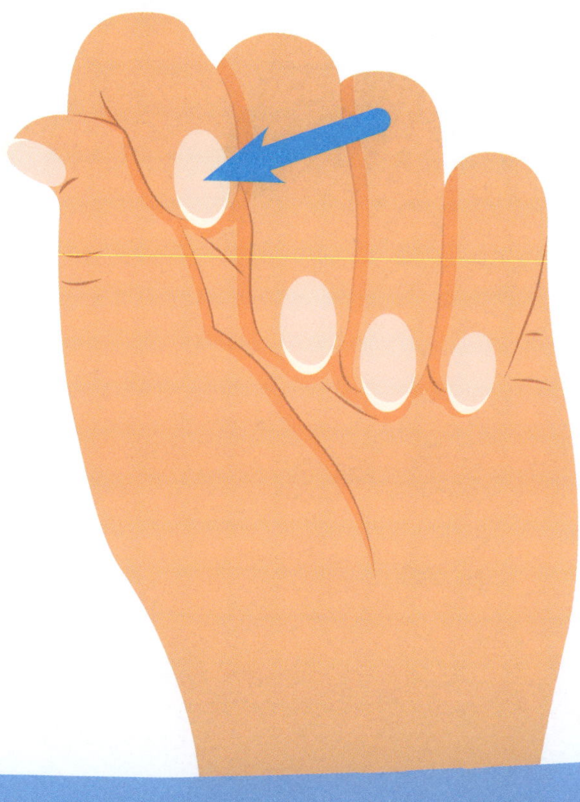

ON comme ONGLES

- Nomme chaque image, entoure-la ou montre-la avec ton doigt si tu entends le son **ON**. Il y a deux intrus.

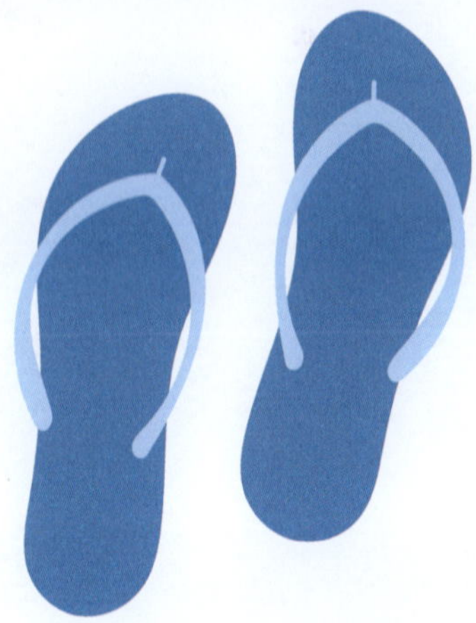

AN
EN

COMME

ANCRE

AN/EN comme ANCRE

Nomme chaque image, entoure-la ou montre-la avec ton doigt si tu entends le son **AN/EN**. Il y a deux intrus.

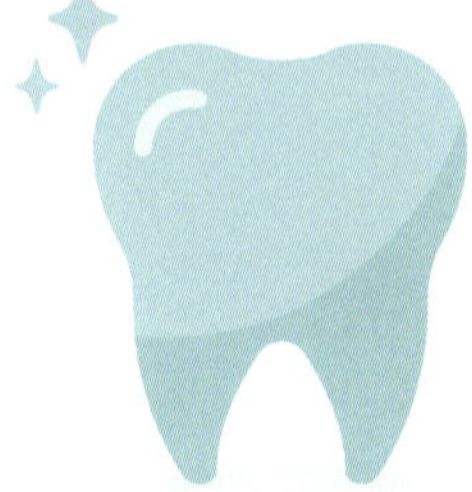

IN

COMME

INSECTES

IN comme INSECTES

● **Nomme chaque image, entoure-la ou montre-la avec ton doigt si tu entends le son IN. Il y a deux intrus.**

Le son CH

CH

COMME

CHAT

CH comme CHAT

● **Nomme chaque image, entoure-la ou montre-la avec ton doigt si tu entends le son CH. Il y a deux intrus.**

AI

COMME

AIGLE

AI comme AIGLE

- **Nomme chaque image, entoure-la ou montre-la avec ton doigt si tu entends le son AI. Il y a deux intrus.**

Je reconnais les digrammes OU, OI, ON, AN/EN, IN, CH, AI.

Bilan

Nomme l'image puis colorie le son que tu entends au début du mot.

OU CH

OU AI

AI AN

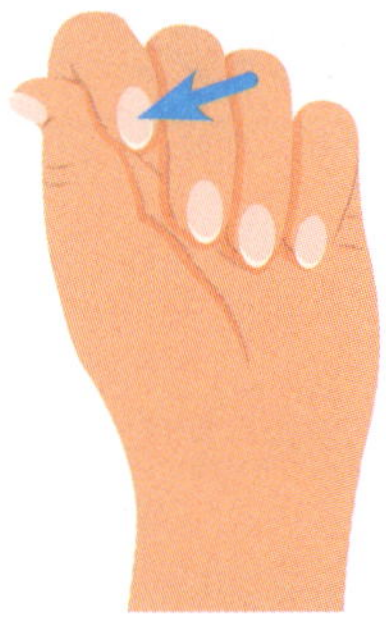

ON OU

OU OI

AI OI

OU-OI-ON-AN/EN-IN-CH-AI

- Relie chaque dessin au son que tu entends au début de son nom.

 OISEAU •	• OU
 OUTILS •	• OI
 ENFANTS •	• ON
11 ONZE •	• AN/EN
 CHIEN •	• IN
 INSECTES •	• AI
 AIMANT •	• CH

Je reconnais mes premiers mots.

Bilan

Nomme chaque image puis, à l'aide de tes autocollants, colle le mot correspondant à côté.

Décore et colorie toutes les lettres de l'alphabet !

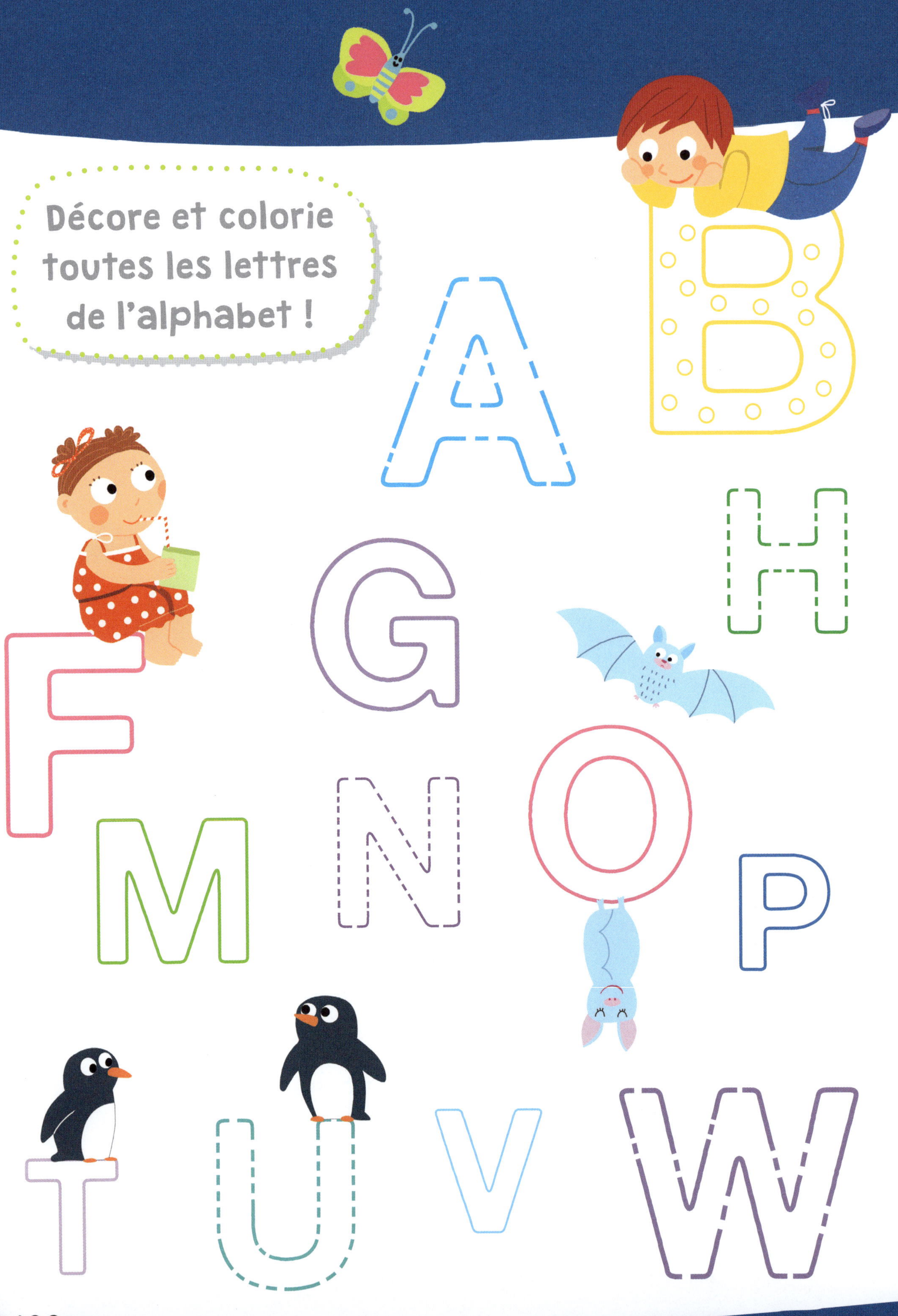

C D J E
K
I S L
Q Y R
X Z

BRAVO !

Amuse-toi à écrire ton prénom.

A B C D E F G H I J K L M N O P Q R S T U V W X Y Z

pages 146-147

DOMINO

CRABE

CABANE

JARDIN

pages 164-165

OURS

CHAT

OIE

INSECTES

ANCRE

AIGLE

page 11

A

page 35

U

page 23

I

I

page 41

O

A

I

U

U

É

page 135

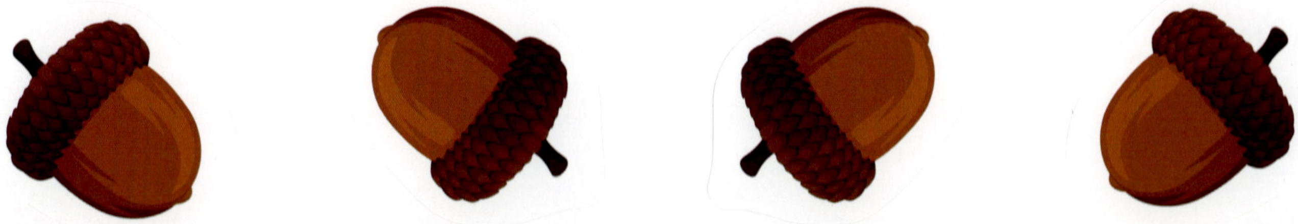

page 73

N P B F T

page 102

page 66

I É É L

page 91

F

page 97

B